AF337421

FERRET 1973

ÉTUDE

SUR

L'ÉQUILIBRE DES ÉTATS

(Réalité et Utopie)

PAR

JEAN P. CARP

> « L'esprit est l'œil de l'ame, non sa force. Sa force est dans le cœur, c'est-à-dire dans les passions. »
>
> « Entre rois, entre peuples, entre particuliers, le plus fort se donne des droits sur le plus faible ; et la même regle est suivie par les animaux et les êtres inanimés : de sorte que tout dans l'univers s'éxécute par la violence ; et cet ordre que nous blâmons avec quelque apparence de justice est la loi la plus générale, la plus immuable et la plus importante de la nature. »
>
> (VAUVENARGUES).

PARIS

A. CHEVALIER-MARESCQ & Cie, ÉDITEURS

20, rue Soufflot, 20

1899

ÉTUDE

SUR

L'ÉQUILIBRE DES ÉTATS

(Réalité et Utopie)

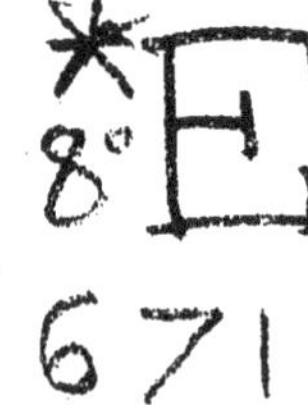

ÉTUDE

SUR

L'ÉQUILIBRE DES ÉTATS

(Réalité et Utopie)

R.F. BIBLIOTHÈQUE NATIONALE IMPRIMÉS

PAR

JEAN P. CARP

« L'esprit est l'œil de l'âme, non sa force. Sa force est dans le cœur, c'est-à-dire dans les passions. »

« Entre rois, entre peuples, entre particuliers, le plus fort se donne des droits sur le plus faible ; et la même règle est suivie par les animaux et les êtres inanimés : de sorte que tout dans l'univers s'exécute par la violence ; et cet ordre que nous blâmons avec quelque apparence de justice est la loi la plus générale, la plus immuable et la plus importante de la nature. »

(VAUVENARGUES).

PARIS

A. CHEVALIER-MARESCQ & Cie, ÉDITEURS

20, rue Soufflot, 20

1899

ÉTUDE

SUR

L'ÉQUILIBRE DES ÉTATS

(Réalité et Utopie)

On sera peut-être étonné, en lisant les pages suivantes, de trouver une étude sur la nature et la formation de la famille et de l'État, tandis qu'on s'attendait à trouver un travail historique et juridique sur l'équilibre des États. C'est pourquoi je me sens obligé de justifier la méthode et le caractère sociologique de mon travail.

La notion de l'équilibre des États, telle qu'elle m'est apparue dans l'histoire, m'a semblé tellement contraire à la réalité que je me suis mis à rechercher la cause de l'erreur en étudiant les théories sur la nature et la formation des États. Cette méthode de recherche s'explique fort bien par la simple vérité que pour comprendre un rapport il faut tout d'abord en connaître les termes.

C'est ainsi que j'ai trouvé la racine de l'erreur dans les fausses notions que beaucoup de philosophes et d'hommes politiques ont eu, non seulement sur la nature de l'État, mais même sur la nature de l'homme.

La première partie de mon travail sera donc une étude sur la formation et la nature de l'État.

Cette base étant donnée, il me sera facile de distinguer, dans la notion de l'équilibre des États, ce qui est vrai de ce qui est utopique.

Cette critique sera ensuite éclairée et confirmée par un exemple qui montrera combien la théorie est impuissante à faire le bien, et même nuisible, si elle ne repose sur la réalité.

I

Qu'est-ce que l'État ?

Il est facile d'en donner la définition purement juridique :

« L'État est l'ensemble des institutions par lesquelles les nations sont parvenues à organiser leurs forces et à maintenir l'ordre public à l'intérieur de frontières déterminées » (Th. Funck-Brentano et A. Sorel, *Précis du droit des gens*, p. 13).

Mais lorsqu'il s'agit d'expliquer l'origine et la formation des États, les opinions émises sont innombrables. Cependant, on peut les réduire toutes à trois manières de voir :

1) La société a une origine transcendante;

2) Elle est l'œuvre de la volonté humaine (théorie de contrat social);

3) Elle est un produit naturel de l'histoire.

La première théorie, qui donne à l'État une origine transcendante, métaphysique, a été émise dans l'antiquité par Platon et dans les temps modernes par Hegel. Pour Platon, l'État est quelque chose d'absolu et d'immobile : c'est une idée.

La conception de Hegel est semblable. « Si l'on confond l'État avec la société civile, et si on le considère comme institué pour garantir la liberté des personnes et la sécurité des propriétés, alors c'est l'intérêt des individus qui serait la fin dernière et par suite il serait loisible à l'individu d'être ou de ne pas être membre de l'État. Mais bien au contraire, l'État est la réalité absolue ». « L'État est l'esprit en tant qu'il se réalise avec conscience dans le monde. »

Ces quelques citations suffisent pour montrer que la définition de l'État donnée par Hegel est d'ordre métaphysique et non scientifique. Je l'écarte donc.

Bien plus importante est la théorie du contrat social, surtout lorsqu'on considère les conséquences qui en résultent. Déjà Hobbes pose les principes de cette théorie en donnant la définition suivante de l'État : « L'État est une personne autorisée dans toutes ses actions par un certain nombre d'hommes, *en vertu d'un pacte réciproque*, à cette fin d'user à son gré de la puissance de tous, pour assurer la paix et la défense commune. » A l'origine, tous les hommes sont libres et ont un droit absolu sur toutes choses. De même, Locke admet que, dans l'état de nature, les hommes sont libres et égaux.

Ce fut cependant J.-J. Rousseau qui développa le plus parfaitement l'idée du contrat social. A l'origine, l'homme vivait isolé et absolument libre. Cet état amenait de sérieux conflits d'intérêt. Voyant donc qu'il serait profitable pour eux de s'unir, les hommes convinrent de sacrifier une partie de leur liberté et de leurs droits et de les aliéner à la communauté qui devait, en revanche, faire régner l'ordre.

Ceci est, en résumé, la théorie du contrat social. Elle repose sur deux hypothèses, les deux également fausses. Elle suppose premièrement qu'il y eut une époque où l'homme vivait isolé et libre. Or, à aucune époque et nulle part, l'homme n'a vécu ni ne vit isolément ; l'histoire du moins ne le prouve pas.

La théorie du contrat social suppose ensuite, à l'origine des sociétés, un acte de libre volonté.

Qu'il me soit permis d'insister un peu sur cette question dont les conséquences sont de la plus grande portée, surtout en sociologie ; car du moment qu'on admet le libre arbitre, on doit forcément renoncer à toute science sociale.

La science cherche à établir des lois, c'est-à-dire à montrer que telle cause, étant données telles conditions, est suivie nécessairement de tel effet. Or, l'idée de liberté est, par définition, contraire à toute idée de loi. Ce qui n'est pas déterminé, voilà la seule définition exacte de la liberté. Le terme est négatif.

Trois ouvrages ont fait, à mon avis, du déterminisme une certitude scientifique. Ce sont : la *Critique de la raison pure*, par Kant ; le *Principe de la raison suffisante*, et la fameuse thèse sur le libre arbitre, par Schopenhauer.

Kant, en séparant le domaine de la représentation de celui de la réalité absolue, sépare le domaine du déterminisme de celui de la liberté. Schopenhauer développe le principe de la raison suffisante, et l'applique rigoureusement à la volonté de l'homme. Comment se fait-il donc qu'on retombe toujours dans la même erreur, qu'on croit encore obstinément au libre arbitre ?

C'est que combattre cette erreur suppose un effort mental considérable. Car l'illusion du libre arbitre provient de ce que nous n'avons pas conscience du lien nécessaire qui relie l'action à ses motifs. La conscience que nous avons de notre liberté est en réalité inconscience.

Je me suis arrêté sur cette question parce que la preuve du déterminisme renverse la théorie du contrat social et permet de donner à l'étude des sociétés humaines un caractère scientifique.

Je passe donc à la troisième des théories sur la formation des sociétés. C'est la théorie de l'évolution historique.

Déjà Aristote formule cette idée très nettement. L'Etat est un fait naturel ; son origine est la famille.

Plusieurs familles associées forment un village, plusieurs villages associés forment l'Etat, qui est la dernière association.

Dans les temps modernes Ferguson combat le premier, la théorie du contrat social formulée par Hobbes. Son ouvrage intitulé : *Histoire de la société civile*, est plein de vues profondes. La société, dit-il. naît des principes de dissentiment et d'animosité d'une part, et de l'autre, des principes d'affection ; ce qui a forcé les hommes à s'unir, c'est l'agression. Sans la lutte, la société aurait eu peine à prendre une forme.

Après Ferguson, Haller combat le contrat social dans son fameux ouvrage : *Restauration de la science politique*. Nulle part l'homme ne se trouve et ne s'est trouvé autrement qu'en état de société. En fait, les hommes ne sont pas égaux, à l'état de nature, mais inégaux ; ils ne sont donc pas libres puisque les faibles sont surbordonnés aux forts.

Depuis, la théorie de l'évolution naturelle s'accentue de plus en plus. Auguste Comte montre qu'il faut étendre aux phénomènes sociaux le déterminisme qui régit les autres ordres de phénomènes. Herbert Spencer pose le principe de l'évolution par différenciation progressive et développe l'idée de l'organisme social.

Mais si l'on est plus ou moins d'accord sur la méthode à appliquer à la science des sociétés humaines, les opinions sont encore fort divergentes quant à l'origine des sociétés.

Les uns soutiennent la théorie du patriarcat, d'autres défendent celle du matriarcat, une troisième opinion voit à l'origine des sociétés des groupements primordiaux, au sein desquels dominaient les passions sexuelles sans frein, la promiscuité absolue.

« L'Etat, dit Lange, est une excroissance de la famille qui s'est développée d'une manière naturelle, jusqu'à devenir, gens, puis tribu. La réunion de plusieurs tribus engendra la nécessité de donner une forme politique positive aux organisations patriarcales qu'il faut supposer à l'origine » (Lange, *Römische Alterthümer*).

Bachofen, au contraire, conclut à la prédominence sociale et politique de la femme pendant une longue époque primitive.

Mac Lennau, Lewis Morgan et Giraud-Teulon défendent la théorie de la promiscuité absolue.

D'après ces auteurs, les sociétés humaines procèdent de groupes primitifs, sans lien régulier aucun, où dominent les passions sexuelles sans frein. Ces groupes en se différenciant, en forment d'autres, moindres, mais chaque fois plus déterminés, la tribu, la phratrie, le clan, la famille.

Le principe actif est la procréation. La femme est le soutien du lien social, car de l'accouchement résulte la certitude de la mère, tandis que la génération étant le plus souvent un mystère, le père est incertain.

Lubbock nie la prédominance primitive de la

femme et croit qu'à l'origine la tribu est propriétaire de la femme et de l'enfant.

Ce court résumé des opinions sur l'origine des sociétés suffit pour montrer, que l'accord sur ce point est loin d'être parfait. Ceci provient de ce que les données historiques et ethnographiques ne permettent pas de trancher la question. Les époques les plus reculées que l'on connaisse sont relativement trop récentes pour qu'on puisse les considérer comme présentant l'homme à son état primitif.

D'autre part, les données ethnographiques ne peuvent pas nous renseigner suffisamment sur l'origine des sociétés; les peuples sauvages présentent les formes sociales rudimentaires les plus diverses.

Si toutefois la méthode inductive est, dans ce cas, insuffisante, nous pouvons trouver déductivement les forces créatrices des sociétés.

Je prends pour point de départ l'axiome suivant :

Pour que des éléments puissent former des groupements opposés les uns aux autres, il faut qu'il y ait des forces attractives d'une part, unissant certains éléments, et des forces répulsives d'autre part, mettant certains éléments groupés en opposition à d'autres éléments groupés.

Chez l'homme ces deux principes attractifs et répulsifs dérivent des besoins primordiaux de tout organisme, à savoir le besoin de se nourrir et le besoin de se reproduire.

Ces besoins agissant dans tout individu, il en résulte nécessairement des oppositions et des luttes, en sorte que tout élément d'attraction comporte un élément de répulsion.

Ainsi l'amour sexuel comporte la jalousie et engendre la lutte pour la femme. La consanguinité comporte la haine de race et engendre la lutte entre races. La tendance qu'a chaque individu, d'acquérir sa nourriture de la manière la plus facile, engendre la lutte alimentaire.

Nous pouvons donc dire avec certitude que dès son origine, l'humanité a été en lutte et que, dès son origine, cette lutte a eu un double caractère correspondant au double caractère des besoins primordiaux de l'organisme. Physiologique et alimentaire à l'origine, la lutte dans la suite s'est compliquée. Tantôt économique, tantôt politique, tantôt intellectuelle, elle a pris les formes les plus diverses ; mais à la base on retrouve toujours les deux besoins primordiaux, points de départ de toute l'évolution de l'humanité.

Nous allons tâcher de le montrer en exposant rapidement les divers caractères de la lutte.

Cette étude a été déjà faite par M. Novicow, dans un ouvrage fort remarquable intitulé : *Les luttes entre sociétés humaines et leurs phases successives*. J'emprunterai à cet ouvrage le plan du passage suivant.

Il semble évident qu'à l'origine dominaient les passions sexuelles sans frein, car on ne peut raisonnablement admettre que la famille a existé de tout temps. Toute forme a son origine et une époque de formation.

A cette époque de promiscuité absolue, la lutte pour la femme avait très probablement un caractère aigu. La légende de l'enlèvement des Sabines et même la légende homérique semble confirmer cette opinion.

L'homme le plus fort et le mieux fait éliminait par la force brutale le plus faible, de même la femme la mieux faite éliminait par ses attraits sa rivale moins belle qu'elle. C'est la sélection naturelle dont les procédés furent plus doux, lorsque les relations sexuelles furent réglées.

Cette sélection se produit aussi entre races, tantôt par l'extermination de la race inférieure par la race supérieure, tantôt par le mélange de deux races et par la dénationalisation.

« Etant donné un milieu où une race plus parfaite se trouve en contact avec une race moins parfaite, la première aura tendance à l'emporter. En effet, les hommes de la race supérieure préféreront se croiser avec les femmes de la race supérieure, les hommes et les femmes de la race inférieure avec les femmes et les hommes de la race supérieure. Alors les rejetons qui auront dans leurs veines du sang de la race supérieure, deviendront de plus en plus nombreux. Ils élimineront les rejetons des races inférieures et déplaceront peu à peu la frontière ethnographique à leur profit » (Novicow, *Les luttes*, p. 67).

La sélection naturelle a pour effet le progrès de l'homme. Plus il devient parfait, plus ses besoins s'accroissent, et plus les besoins s'accroissent plus le premier moyen pour les satisfaire, l'intelligence, doit se perfectionner. Il y a ici action réciproque.

Originairement, l'homme se contentait des produits de la chasse, de la pêche, et des fruits sauvages que produisait la terre, sans culture aucune. Pour pouvoir chasser le gibier dangereux, les hommes formaient des groupes qui se disputaient entre eux les contrées les plus favorables à la chasse ou à la pêche. Le plus fort chassait ou exterminait le plus faible.

Mais l'homme progressant, ses besoins s'accrurent tellement qu'il ne put plus les satisfaire en vivant du jour au lendemain. De nomade, il devint sédentaire, il cultiva la terre et éleva le bétail. En un mot, son travail devint productif.

Mais si les conditions d'existence changèrent, les causes de conflit subsistèrent, car elles résident, comme nous l'avons vu, dans la nature de l'homme. Satisfaire ses besoins de la façon la plus facile, en déployant le moins d'effort possible, c'est là une tendance bien naturelle. Cette tendance explique la lutte économique qui a, sous toutes ses formes, pour objet l'acquisition de richesses.

L'invasion, le pillage, l'occupation de nouveaux territoires, l'acquisition par la force de nouveaux marchés, de certains privilèges, l'acquisition du droit commun pour pouvoir trafiquer en liberté, les guerres entreprises pour établir ou conserver le monopole du commerce dans certaines régions, voilà les formes aigues de la lutte économique. Ces luttes ont des conséquences sociales importantes, par le fait que de nouveaux rapports s'établissent entre les vaincus et les vainqueurs. « Chacune des phases successives de la lutte économique, dit M. Novicow, a pour résultat une coalescence plus complète entre les unités combattantes. Dans la période du pillage des biens mobiliers, le vainqueur se retire aussitôt son incursion terminée et ses rapports avec le vaincu sont de très courte durée. Si on prend des captifs, il s'établit des relations permanentes entre eux et leurs maîtres. Le territoire de ces derniers devient plus peuplé, le groupe social augmente en dimension et en complexité. Une masse de rapports, qui n'existaient pas auparavant, se forment entre les maîtres et les sujets. L'expédition, ayant pour but de s'emparer de richesses immobilières, crée des relations encore plus nombreuses et plus complexes entre les dominateurs et les populations soumises. Dans la phase des guerres économiques ayant pour but les privilèges, le monopole ou le droit commun, les populations se mêlent par le trafic; entre vainqueurs et vaincus, les intérêts deviennent de plus en plus solidaires, grâce aux nombreuses relations commerciales qui s'établissent entre eux. Si la domination directe s'impose, la coalescence devient plus rapide encore. Chaque conquête produit soit un mélange complet de race entre vainqueurs et vaincus, soit des transformations politiques et sociales, soit des mouvements intellectuels d'une grande importance, soit enfin tous ces phénomènes ensemble » (Novicow, *Les luttes*, p. 81).

De même que la lutte physiologique, la lutte économique a, elle aussi, une phase pacifique qui suppose un état de civilisation supérieur. C'est la concurrence qui est la forme économique de la sélection naturelle. Elle a lieu aussi bien à l'intérieur des États entre les producteurs d'un même pays qu'entre les nations. Elle a pour effet l'élimination des producteurs qui ne sont pas capables de produire mieux et à meilleur marché que leurs concurrents. Il en résulte une division de travail entre nations, chaque nation se voyant forcée de limiter sa production aux articles qui peuvent résister à la concurrence. Quoique cette division de travail entre nations soit encore loin d'être parfaite et que le protectionnisme de certaines nations s'y oppose, il est cependant fort probable qu'elle s'effectuera fatalement et qu'il en résultera une solidarité internationale plus grande. Nous reviendrons sur cette question lorsque nous parlerons de l'équilibre des États.

« Les luttes économiques, dit M. Novicow, se transforment insensiblement en luttes politiques. Il est impossible de marquer nettement les limites qui séparent les deux procédés. On peut dire d'une façon générale que, si le vainqueur s'empare individuellement des propriétés du vaincu, le caractère économique domine ; s'il s'en empare collectivement, c'est-à-dire par l'entremise et au profit de son gouvernement, le caractère politique prend le dessus » (Novicow, *Les luttes*, p. 80).

Il me semble que cette manière de voir n'est pas exacte. Toutes les luttes entre États, quels qu'en soient les causes et le but, ont un aspect politique, masquant plus ou moins leur caractère réel. En réalité, il n'y a pas de luttes essentiellement politiques ; il y a des luttes physiologiques engagées par les nations pour éliminer, assimiler ou séparer des éléments hétérogènes, il y a des luttes économiques pour acquérir des richesses, il y a des luttes intellectuelles pour propager ou défendre des idées et des croyances. Toutes ces luttes, je le répète, ont un caractère politique, du moment qu'elles sont engagées par le pouvoir public, c'est-à-dire par l'État. Mais ce caractère n'en est jamais l'essence.

Cependant, le caractère politique de la lutte prédomine parfois tellement, en voile à un tel point le fond réel qu'on peut s'y tromper. Telles sont, par exemple, les guerres de successions et surtout les guerres d'intervention.

Nous arrivons maintenant à une espèce de lutte bien autrement complexe et difficile à saisir que les espèces précédentes. Je veux parler de la lutte intellectuelle.

S'il nous a été facile de montrer que les luttes

physiologiques et les luttes économiques ont leurs causes premières dans les besoins primordiaux de l'organisme, en est-il de même des luttes intellectuelles? La solution la plus parfaite a été donnée, à mon avis, par Schopenhauer dans son ouvrage, admirable à tous les points de vue, *Le monde comme volonté et comme représentation.* On sait que ce philosophe considère que la volonté est l'essence même des choses, la « chose en soi » de Kant, car la conscience que nous en avons est relativement immédiate, elle nous apparaît dépouillée de la forme de l'espace et détachée de toute cause (Grundlos). Tandis que la volonté est la chose première et essentielle, l'intelligence est une chose secondaire et accessoire, créée par la volonté, pour qu'elle puisse atteindre son but qui est la vie.

« De cette considération, dit Schopenhauer, il résulte clairement que la volonté est dans tous les êtres animaux, l'élément primaire et substantiel ; l'intellect, au contraire, est un élément secondaire et accessoire, ce n'est même qu'un instrument de la volonté, instrument plus ou moins compliqué suivant les exigences de ce service. Les mêmes fins directrices de la volonté d'une espèce animale qui arment cette espèce de sabots, de griffes, de mains, d'ailes, de dents, la dote aussi d'un cerveau plus ou moins développé, dont la fonction est l'intelligence nécessaire à la conservation de l'espèce. »

« Nous voyons donc que l'instrument de l'intelligence, c'est-à-dire le système cérébral et les organes des sens, suit pas à pas dans son développement l'extension des besoins et la complication de l'organisme » (Die Welt, I, Cap, 19, Vom Primat des Willens im Selbstbewusstsein).

Voilà le rapport établi. L'intelligence est un instrument que se forge la volonté pour pouvoir vivre. Il n'y a donc rien d'absolu dans la pensée; et pourtant l'idée paraît absolue, parce qu'elle est abstraite.

Tout y est relatif. Elle évolue avec l'organisme, elle s'adapte avec lui au milieu. De là les différences de langues, de là les différences d'idées, de là enfin la lutte intellectuelle.

Mais de ce que la pensée nous paraît être absolue, il résulte que les luttes intellectuelles, et notamment les luttes religieuses, ont un caractère acerbe et impitoyable. Plus les idées sont abstraites et plus elles ont leur source dans la volonté, plus elles sont violentes et expansives. Une entente est possible lorsqu'il y a divergence de vues sur des faits extérieurs et positifs, mais elle est la plupart du temps impossible lorsqu'il y a divergence de sentiments; car tout sentiment est une affection de la volonté. Je puis penser sans que ma volonté en soit affectée. Lorsqu'au contraire je sens, ce sentiment est toujours une douleur ou une jouissance. L'antipathie et la sympathie sont les facteurs sociaux les plus puissants. L'amour attire, la haine repousse. « L'identité de sentiment, dit M. Novicow, est le lien le plus puissant qui puisse unir les hommes : c'est ce que nous appelons l'amour » (p. 114). On peut compléter cette idée et dire : la divergence de sentiments et le principe le plus plus puissant qui puisse séparer les hommes, c'est ce que j'appelle la haine. Amour et haine ont leur source dans la volonté qui veut vivre. On a dit que la science, la connaissance exacte des choses, pourrait une fois écarter toute cause de lutte. Erreur profonde. Les sentiments ne se raisonnent pas. L'intelligence est bien plutôt l'esclave de la volonté. « L'esprit est l'œil de l'âme, dit Vauvenargues, non sa force. Sa force est dans le cœur, c'est-à-dire dans les passions. »

Après avoir donné un aperçu rapide des luttes, après avoir montré comment ces luttes sont nécessitées par les besoins de l'homme, nous allons maintenant considérer quels ont été les effets des luttes au point de vue de l'évolution sociale.

Il importe, tout d'abord, de savoir quel a été, dès le début, le substratum des forces sociales. Faut-il admettre à l'origine un couple humain unique? Ou bien faut-il admettre, dès l'origine, la pluralité d'individus appartenant tous à un type unique? Ou bien, enfin, faut-il admettre, à l'origine, la pluralité d'individus et de types?

De ces trois hypothèses, la première, celle de la légende biblique, paraît tout à fait invraisemblable. L'apparition d'un couple unique au monde suppose l'intervention directe de la divinité; il est tout à fait impossible de l'expliquer autrement.

La seconde hypothèse, celle qui admet à l'origine l'unité de type semble être affirmée par la théorie

BIBLIOTHÈQUE NATIONALE RF IMPRIMÉS

du progrès par différenciation. En effet, d'après cette théorie, on doit arriver, en remontant le cours de l'évolution, de ce qui est complexe à ce qui est simple.

Cependant, les recherches anthropologiques les plus récentes sont contraires à cette théorie. Virchow a démontré que nulle part et à aucune époque on ne peut établir des unités généalogiques. Tous les peuples présentent un mélange infiniment complexe de types. De même Kollmann conclut à l'hétérogénéité des races depuis l'époque diluvienne. Les recherches de Passavant conduisent au même résultat.

Il paraît donc certain que, dès l'origine, l'humanité présentait un grand nombre de types différents, ce qui d'ailleurs s'explique fort bien par l'influence qu'exerce le milieu sur le développement de l'individu et des peuples.

Etant donné ce substratum composé d'éléments hétérogènes, comment ces éléments se sont-ils organisés?

Les hommes formaient, à l'origine, comme nous l'avons vu, des groupes, des hordes, pour se procurer plus facilement les aliments nécessaires et pour pouvoir chasser le gibier dangereux. Au sein de ces groupes régnait la promiscuité absolue.

Comment cette anarchie sexuelle a-t-elle pris fin ? Comment la tamille s'est-elle formée ?

Plusieurs auteurs, tels que Bachofen, Giraud-Teulon, Mac-Lennau, Lewis Morgan, Gumplowicz admettent que la gynécocratie, c'est-à-dire le groupement familial autour de la mère, a précédé l'androcratie. Le droit maternel aurait précédé le droit paternel. Cette hypothèse me paraît fort invraisemblable, vu que l'homme a toujours été plus fort que la femme.

« Il est absurde d'admettre, dit M. de Treitschke, que l'homme, à l'état sauvage, étant le plus fort, ait renoncé, par superstition, à sa force physique. Il est impossible que le respect de la femme soit plus grand que dans la monogamie, là où une femme sert à contenter les désirs de plusieurs hommes. Il faut admettre que la femme occupe, à l'état de barbarie, une situation relativement subalterne, puisque l'homme use et abuse naïvement de sa force, et que le respect de la femme ne peut être le produit que d'un long développement de civilisation » (Treitschke : *Politik*, Bd. I, pag. 240).

Il semble donc que la famille ait été dès son origine groupée autour du père et non autour de la mère. Mais comment la transition de l'anarchie sexuelle à la famille organisée s'est-elle effectuée ?

Fort probablement par la lutte, par le rapt de la femme d'une horde étrangère. La femme enlevée était considérée par le ravisseur comme un butin ; elle n'appartenait donc plus à la horde, mais bien à l'individu qui l'avait ravie, elle était son propre.

C'est donc par la lutte que se sont constituées la famille et la puissance paternelle.

A partir de ce moment, la nature des groupements humains change du tout au tout. Tandis qu'avant la constitution de la famille, ils étaient de simples conglomérats, non organisés, ils prennent maintenant un caractère familial. La parenté est le lien social, qui réunit les membres d'une même famille sous l'autorité du père de famille.

Cependant ces groupes familiaux ne constituaient pas encore des Etats. Car la notion de l'Etat suppose non seulement une puissance s'exerçant sur les membres d'un groupe social, mais, en outre, un pouvoir public s'étendant sur un territoire déterminé.

L'Etat suppose la propriété immobilière privée. « Il n'y a point de chose publique s'il n'y a quelque chose de propre », dit Bodin.

La propriété immobilière s'est établie par la lutte, par l'assujettissement d'un groupe par un autre. On trouve à sa base, tout comme à la base de la famille, le droit du plus fort. « Nous ne pouvons reconnaître, dit M. Gumplowicz, des commencements de propriété particulière de biens immeubles que là où une horde dompte une autre et a accaparé pour elle-même les travailleurs qui se trouvaient dans cette autre.

« Dès qu'il y a des hommes mis dans une position de dépendance, des hommes empêchés d'user de certains biens à la production desquels ils sont contraints de travailler, tandis que cette jouissance est réservée à leurs maîtres et que ceux-ci sont protégés dans cette jouissance par leur collectivité bien organisée, dès lors, et dès lors seulement, surgit la propriété particulière des immeubles. Or cette propriété est issue avec et par la première organisation de suprématie ; elle est donc au commencement la chose essentielle, le but suprême de cette organisation. Eh bien, cette organisation dans laquelle, à côté de la propriété particulière, la famille, le droit et la puissance paternels se développent de plus en plus, c'est le germe de l'Etat » (Gumplovicz, *Précis de sociologie*, pag. 191, trad. par Charles Baye).

L'Etat s'est donc formé par la lutte entre groupements sociaux, par la suprématie d'un groupe sur un autre, par le tassement des couches sociales dans les limites d'un territoire déterminé.

« L'histoire politique, dit M. de Treitschke, commence par la constitution de petites sociétes. L'évolution postérieure a pour conséquence la lutte entre ces tribus et une conglomération de masses plus grandes qui aboutit à une organisation commune.

La conquête et la soumission sont donc les principes créateurs de formations sociales plus grandes. Les Etats n'ont pas leurs origines dans la souveraineté du peuple, mais ils se sont formés contre la volonté du peuple, l'Etat est le pouvoir de la tribu la plus forte qui s'impose » (*Politik*, Bd. I, p. 113).

J'ajoute encore la définition suivante, du même auteur, qui indique bien que l'Etat s'est formé par la lutte et en vue de la défense et de l'offense « Der

Staat ist die öffentliche Macht zu Schutz und Trutz » (*Politik*, pag. 32).

L'Etat s'est donc formé, à l'origine, par l'extension du groupe familial, au moyen de la conquête. De là résultent deux caractères qu'on retrouve dans la structure de tout Etat, du moins dans la première phase de sa formation : premièrement la domination d'une minorité sur une majorité, et deuxièmement l'hétérogénéité ethnique des dominateurs et des dominés. Ainsi se forme la structure sociale de l'Etat. M. Gumplowicz remarque fort bien qu'il y a dans la formation sociale de l'Etat deux modes différents : l'un primaire et génétique, l'autre évolutionnaire. « L'inégalité sociale » dit-il, se produit *originairement* par rencontre de deux éléments ethniques hétérogènes d'inégale puissance, d'autre part, *évolutionnairement* par une lente élévation de certains éléments aux dépens d'éléments de même nature qui déclinent et voient leur puissance diminuer par l'effet de circonstances défavorables » (Gumplowicz, « Précis » p. 230).

Ainsi donc il y a d'abord, par le fait de la conquête, superposition de couches sociales, différentes au point de vue ethniques, puis il y a par le développement naturel à l'intérieur de l'Etat fusion ethnique.

Lorsque la fusion est complète l'Etat constitue une nation, laquelle nation vue d'un point de vue différent présente l'équilibre social parfait.

Ceci me conduit à examiner de plus près ces deux termes.

Tout d'abord il ressort clairement, de ce que je viens de dire, qu'il est absolument faux d'identifier, comme on l'a souvent fait, la notion de l'Etat avec celle de la nation. Ce qui est vrai c'est que tout Etat tend à devenir national, et que toute nationalité tend à constituer un Etat. Ou bien encore: une nation tend à se former dans le cadre d'un Etat existant, et un Etat tend à se former autour d'un groupe national.

Il ne faut pas non plus identifier la race avec la nationalité. Nous avons vu qu'il n'existe pas et que probablement il n'a jamais existé de race autochthone et pure. Toutes les nationalités sont composées d'un mélange extrême de races.

On ne peut non plus donner comme signe caractéristique de la nationalité, soit l'unité de langue, soit l'unité de religion soit encore l'unité de mœurs et de droit. Ce qui constitue une nationalité, c'est un fond commun d'idées, de sentiments et d'intérêts. Parce qu'il ne peut pas y avoir communauté parfaites d'idées, là où il y a diversité de langues, l'unité nationale ne sera pas parfaite, s'il n'y a unité de langue. Parce qu'il ne peut pas y avoir communauté parfaite de sentiments, là où il y a diversité de religions, l'unité nationale ne sera pas parfaite s'il n'y a unité de religion.

Ce fond commun d'idées, de sentiments et d'intérêts dont je viens de parler se forme, tout comme la famille, tout comme l'État par les nécessités de l'existence et par la lutte.

Nous avons vu que la nationalité tend à se former dans le cadre de l'Etat. Pourquoi ? Parce que l'Etat s'étant formé par la lutte et sous la pression du danger extérieur, doit, pour pouvoir se maintenir assimiler les éléments qui le constituent. S'il ne le fait pas, les forces qu'il devrait employer contre ses ennemis extérieurs seront absorbées à l'intérieur, et il pourra succomber aux coups portés contre lui.

Nous avons vu en outre que toute nationalité tend à constituer un Etat. Il semble que cette proposition est incompatible avec la première, et que les deux tendances sont contraires. Elles le sont en effet. Lorsqu'il y a par la conquête intégration d'éléments ethniques différents de ceux qui composent le groupe conquérant, les éléments conquis tendront à reformer un tout individuel tandis que les conquérants tâcherons par tous les moyens de les assimiler. Si les conquérants n'ont pas la force d'assimiler les éléments étrangers, il viendra fatalement un jour où ses éléments s'émanciperont et formeront un Etat indépendant. Ainsi, s'il est juste de dire qu'une nouvelle nationalité peut se former dans le cadre d'un Etat, il est absolument faux de dire que de nouvelles nationalités qui n'auraient pas préexisté à la formation d'un Etat peuvent surgir dans le cadre de cet Etat. Ainsi il est absolument faux de dire que les Serbes, les Bulgares, les Roumains sont de nouvelles nationalités. Ce qui est vrai, c'est que ce sont des nationalités qui n'ont jamais été assimilées par les Turcs et qui n'ont jamais cessé d'exister depuis la conquête ottomane.

De même qu'en Turquie, il se produit en Autriche un mouvement centrifuge parce que les Allemands n'ont pas eu la force d'assimiler les Slaves.

Si au contraire le conquérant a la force d'assimiler les éléments étrangers alors il résulte de cette assimilation une nouvelle nationalité. Ainsi s'est formée la nationalité française, par l'assimilation d'éléments celtiques, romains et germaniques ; la Prusse par la germanisation des Slaves, à l'Est de l'Elbe ; la Russie par la fusion d'éléments slaves, finois, mongols.

Après avoir montré comment se forme la nationalité, je tâcherai d'expliquer le terme d'équilibre que j'ai employé.

Nous avons vu que lorsqu'un groupe social en assujettit un autre, différent au point de vue ethnographique, il y a lutte entre deux tendances contraires. Le conquérant tend à assimiler les nouveaux éléments, les conquis tendent à s'émanciper. Si l'assimilation ne s'effectue pas, il y aura d'une part des opprimés et d'autre part des oppresseurs, il y aura deux couches sociales hétérogènes qui se sépareront dès que l'oppresseur ne pourra plus dominer par la force brutale les éléments conquis. Cet état n'est nullement un état d'équilibre social.

Si au contraire la fusion s'effectue, les couches sociales, encore différentes au point de vue de la répartition de la richesse et du rôle social qu'elles jouent à l'intérieur de l'Etat, présenteront au contraire aux ennemis extérieurs un tout homogène et solidaire.

C'est que le fonds commun d'idées, de sentiments, et d'intérêts qui se sera peu à peu formé, reliera les couches sociales entre elles de telle sorte que chaque classe aura conscience de l'utilité que lui procurent les autres.

Ainsi le riche protégera le pauvre parce qu'il a besoin de son travail, le pauvre travaillera pour le riche parce qu'il a besoin de sa protection. En d'autres termes les principes répulsifs qui sont l'envie d'une part, et le mépris de l'autre, en un mot les haines de classe, seront équilibrés par les principes attractifs qui constituent la solidarité nationale.

Outre l'équilibre qui s'établit entre les différentes classes d'un état bien constitué, il y a au sein de toute société un équilibre qui a pour résultat d'établir des rapports réguliers et pacifiques entre les individus entre eux, et entre les individus et l'Etat. Ici ce sont encore les principes attractifs et les principes répulsifs qui s'équilibrent.

« Les impulsions agressives », dit M. Spencer, « que l'homme tient de l'état pré-social, les tendances qui le portent à se satisfaire sans égard aux droits des autres êtres, caractère de la vie des bêtes de proie, constituent une force anti-sociale qui tend toujours à diviser les citoyens et à les mettre aux prises. Au contraire, les désirs qui ne peuvent trouver leur satisfaction que dans l'union, aussi bien que les sentiments qui la trouvent dans le commerce de l'homme avec ses semblables et aboutissent à ce que nous appelons loyauté, sont les uns et les autres des forces qui tendent à maintenir l'union des citoyens ».

(Herb. Spencer « Les premiers principes » trad. par M. Cazelles, page 457).

Ainsi compris la notion de l'équilibre social correspond à une réalité.

J'arrive maintenant à un dés problèmes les plus obscurs de la science sociale. Comment l'équilibre social, dont je viens de parler, se trouble-t-il ? Comment une nation peut-elle périr ? Tout d'abord il importe de bien définir le problème.

Il est bien évident que je ne compte pas parler ici de la fin violente d'un Etat dont les causes seraient purement externes ; ni de la fin volontaire d'un Etat qui se réunirait à un autre.

Je ne parlerai que des cas où un Etat dépérit et meurt pour ainsi dire d'une mort naturelle.

La fin du grand Empire Romain, la fin de la Pologne, le démembrement actuel de la Chine en sont de grands exemples.

Je n'ai pas la prétention de résoudre ce problème que nul n'a encore résolu d'une façon suffisante. Je tâcherai seulement d'établir des catégories de phénomènes, dans lesquelles il faut très probablement rechercher les causes de dissolution sociale. En d'autres mots je tâcherai de trouver une méthode qui puisse faciliter la solution du problème.

Nous avons vu que tout Etat se forme par la lutte et par la conquête, et se consolide par l'assimilation de ses éléments. Tout Etat a donc une période de croissance.

Mais il atteint, à un moment donné, un maximum de développement et entre enfin dans une phase de dissolution.

Comment peut-on donc expliquer qu'à un moment donné l'Etat cesse de s'accroître ?

Faut-il admettre que la cause en est la dégénération préalable des individus composant l'État?

Ou bien faut-il en rechercher les causes en dehors de l'État?

Ou bien encore les causes sont-elles les unes internes et les autres externes?

La dernière hypothèse qui suppose une action réciproque des relations extérieures sur l'état interne, et de l'état interne sur les relations extérieures me paraît être la seule vraisemblable.

La conquête a deux ordres d'effets. D'une part, à l'intérieur de l'Etat, il y aura lutte entre les éléments conquis et les conquérants.

D'autre part, les groupements sociaux extérieurs se resserreront et se consolideront pour pouvoir résister à l'Etat envahissant.

Les forces, à l'intérieur de l'Etat seront donc devisées, tandis qu'au contraire, à l'extérieur, les forces s'allieront.

L'Etat devra alors profiter de l'effet moral produit sur ses ennemis extérieurs par ses victoires, pour se consolider à l'intérieur en assimilant les éléments étrangers. Ceci fait, il recommencera la lutte extérieure pour manifester et maintenir son unité nationale, et pour accroître encore son territoire.

Cependant cette extension ne sera nullement illimitée. D'une part, la résistance extérieure croissant toujours pourra à un moment donné s'opposer efficacement aux convoitises de l'Etat envahissant; d'autre part, à l'intérieur, la force d'assimilation du noyau autour duquel s'est formé l'Etat s'épuisera peu à peu.

Cette force originaire résidait dans la supériorité physiologique, intellectuelle et économique des éléments ethniques qui composaient ce que je viens de nommer le noyau de l'Etat.

Or cette force s'épuise par la lutte et l'assimilation. Car lorsque certains éléments s'assimilent d'autres éléments qui leur sont inférieurs, cela signifie que les éléments supérieurs transmettent ce qui constituait leur supériorité aux éléments inférieurs, ce qui équivaut à dire qu'ils perdent leur supériorité relative.

L'État ayant ainsi acquis son maximum de développement et ayant épuisé sa force d'assimilation la dissolution interne commencera.

Il faut cependant s'entendre sur le terme : maximum de développement.

Le maximum de développement est atteint lorsque un Etat a réalisé l'unité nationale sur un territoire constituant une unité géographique. Ainsi Rome avait atteint son maximum de développement lorsqu'elle eût étendu sa domination sur toute la péninsule italique. Ses autres possessions, en Asie, en Afrique et en Europe même, avaient bien plus le caractère de colonies, que de parties constitutives de la nation latine. La France a atteint son maximum de développement, lorsqu'elle eût réalisé l'unité nationale dans le territoire situé entre les Pyrenées, la Méditerranée, les Alpes, le Rhin, la Manche et l'Océan. La colonisation est un acte de reproduction sociale et non un acte de croissance.

Ainsi donc, le maximum de développement acquis, la dissolution commencera. La haine entre classes prendra le dessus sur le sentiment de solidarité nationale et la lutte intestine s'accentuera.

Comment expliquer ce phénomène? Certains auteurs, notamment Bossuet, ont attribué les causes de décadence à la disparition du sentiment religieux, d'autres, et notamment Montesquieu, à l'insuffisance des institutions politiques. D'autres auteurs disent que la décadence commence lorsqu'un Etat ne peut plus s'adapter aux progrès de la civilisation.

De ces trois explications, la première me paraît la plus faible, vu surtout qu'elle est démentie par l'histoire qui nous apprend qu'il y a eu de grandes civilisations reposant sur une morale athée. En outre, on ne saurait trop s'expliquer pourquoi l'athée serait un être antisocial. Les croyants l'affirment, mais ceux qui ne croient pas savent qu'il n'en est pas ainsi.

Quant aux deux autres explications, la question suivante se pose : s'il faut chercher les causes de la décadence dans l'insuffisance des institutions politiques ou dans le fait de la non-adaptation aux progrès de la civilisation, où faut-il donc chercher les causes de l'insuffisance des institutions politiques et de la non-adaptation ? Car enfin, si une institution est insuffisante pourquoi la société ne la changerait-elle donc pas? Ou bien si une société n'est pas adaptée aux progrès de la civilisation, pourquoi ne s'adapterait-elle donc pas, sinon parce qu'elle n'en est pas capable. Or, d'où provient cette incapacité? Ainsi le problème est différemment posé, mais nullement résolu.

D'autres auteurs encore ont cru trouver les causes de décadence dans l'injuste répartition de la richesse, dans la misère des classes inférieures opposée à l'opulence des classes supérieures. Mais alors se pose la question d'où provient cet abîme qui sépare les classes pauvres des classes riches? Faut-il en chercher les causes uniquement dans des lois économiques fatales, ou bien aussi dans le fait que l'égoïsme devient plus fort que l'altruisme, les tendances antisociales plus fortes que les tendances sociales, la haine plus forte que l'amour?

Et alors la question se pose ainsi : d'où provient ce fait que chez les peuples en décadence les classes ne comprennent plus leurs intérêts réciproques, que l'égoïsme prend le dessus sur l'altruisme, que la méfiance et le mensonge s'introduisent dans leurs relations ? Et quel rapport y a-t-il entre ce fait et le fait que l'Etat a atteint son maximum de développement ?

Je crois qu'on peut en donner deux explications, l'une psychologique, l'autre physiologique.

Nous avons vu que la lutte résulte des besoins de l'homme. Or, si l'homme a besoin de lutter pour satisfaire ses besoins, il arrive aussi qu'il ressente le besoin de lutter même contrairement à ses besoins réels. Ceci n'est nullement un jeu de mots, c'est bien plutôt un paradoxe réel. La lutte issue des besoins de l'homme devient elle-même un besoin.

Lorsqu'un État n'a plus à lutter à l'extérieur, soit parce qu'il n'a plus d'ennemis à craindre, soit parce que ces ennemis sont trop puissants pour qu'il puisse les attaquer, la lutte devient intestine. Lorsque Rome eut anéanti Carthage, elle fut livrée aux factions conduites par Marius, Sulla, Pompée, César, Catilina, Octave, Antoine.

La décadence de Rome commença lorsque Carthage fut anéantie.

Les luttes intestines corrompent le peuple et enveniment de plus en plus les haines sociales et politiques.

Si l'explication psychologique que je viens de donner a le caractère d'une certitude, parce qu'elle est confirmée par l'histoire et par l'étude de la nature humaine, l'explication physiologique que je tâcherai de développer maintenant, a bien plus le caractère d'une hypothèse.

Abandonnons un moment le cadre de la société et considérons la famille. Comment se fait-il que les plus illustres familles aient leur période de décadence? Soit parce que certains membres d'une famille atteignent une telle perfection mentale que leur faculté de reproduction en ressent le contre-coup, soit parce que les membres d'une même famille se marient entre eux au lieu d'y introduire de nouveaux éléments hétérogènes.

C'est ainsi que s'explique la dégénération des familles.

Eh bien! ne pourrait-on pas expliquer en partie la décadence des nations de la même manière! Lorsqu'un Etat a atteint son maximum de développement territorial et a réalisé à l'intérieur de son territoire l'unité nationale, cette nation peut développer jusqu'à un certain point ses facultés nationales, après quoi elle entre dans une période d'épuisement. Une force ne peut se surpasser elle-même.

En outre, par le même fait qu'à un moment donné une nation n'a plus la force de s'assimiler des éléments ethniques hétérogènes, la race doit s'épuiser physiologiquement. Et, comme les différentes classes forment, plus ou moins, des cercles fermés les uns aux autres, il en résulte que la dégénération s'effectue successivement par classe et non simultanément dans toute la nation. La classe la moins nombreuse, l'aristocratie, déchoira la première, puis la bourgeoisie, puis enfin la nation entière.

A Rome, cette décadence successive s'est produite avec une régularité typique.

Je ne parle ici, bien entendu, que des Etats qui se sont formés originairement par l'extension d'un noyau. Il en est tout autrement, par exemple, des Etats qui se forment par l'émancipation, qui présentent, par conséquent, dès le début de leur existence individuelle un état social fort complexe.

Mais, dans les Etats de formation spontanée, la marche naturelle est l'évolution de l'aristocratie à la démocratie.

Par la dégénération physiologique, tout s'explique : L'incapacité d'une nation de se gouverner, son incapacité de s'adapter au milieu, la baisse de l'intelligence sociale et le développement de l'égoïsme, la haine de classe, la paresse, le mensonge, la défiance, la débauche, la dépopulation.

On peut expliquer la chute des nations encore d'une autre manière, plus élevée et plus générale, que je ne ferai qu'indiquer ici, parce qu'elle dépasse le cadre de la sociologie et rentre dans le domaine de la philosophie. Nulle forme ne peut dépasser dans son évolution le niveau de l'évolution cosmique. Ainsi, par exemple, l'individu humain traverse toutes les phases de l'évolution organique; lorsqu'il aura réalisé la forme adéquate à l'état actuel de l'évolution cosmique, il périra nécessairement. Il en est de même pour les nations.

Tout ce que nous venons de dire sur la formation et la dissolution des Etats et des Nations montre que leur évolution est cycloïdale.

Je tâcherai maintenant de résumer en quelques mots cette loi qui, dans la réalité, n'agit pas avec la même simplicité et n'apparaît pas avec la même clarté, étant sujette à de nombreuses influences qui enraient ou font dévier son action.

Les principes actifs de l'évolution sociale sont la haine et l'amour, qui sont les causes premières de la lutte et de l'alliance. Par le rapt de la femme se constitue la famille, soumise au droit paternel. Par l'extension du groupe familial et la conquête, se forme l'Etat qui lui-même s'accroît par la conquête et l'intégration d'éléments hétérogènes. A l'intérieur, il se consolide en assimilant les éléments hétérogènes et en équilibrant la haine et l'amour. Ainsi se constitue l'Etat national. Ayant atteint son maximum de développement, qui est marqué par l'épuisement de sa force assimilatrice et par la résistance extérieure, l'Etat se désagrège. Le besoin de lutter ne pouvant être satisfait à l'extérieur, il cherche à se satisfaire à l'intérieur. En outre, par le fait de la non-intégration d'éléments hétérogènes, la dégénération physiologique de la nation s'opère, laquelle a pour effet le trouble de l'équilibre interne, la prépondérance des principes antisociaux sur les principes sociaux, et la dépopulation.

Ainsi se trouvent confirmée les définitions de l'évolution et de la dissolution que donne M. Spencer dans son ouvrage sur *Les Premiers Principes*.

« Nous entendrons, dit-il, par dissolution, l'opération désignée par ce mot dans son sens vulgaire, l'absorption de mouvement et la désintégration de matière; et nous appellerons évolution l'opération inverse, qui est toujours une intégration de matière et une dissipation de mouvements... » (Spencer, *Les Premiers Principes*, page 258.

De tout ce que nous venons de dire sur les origines et la nature de l'Etat, résultent les faits suivants qu'il importe de bien marquer, si l'on veut bien comprendre la nature des rapports internationaux.

Premièrement. — L'Etat étant une création des éléments d'opposition et de solidarité qui résident dans la nature même de l'homme, il en résulte qu'il est lui-même essentiellement agrèssif aussi bien que défensif.

On a toujours reconnu son caractère défensif, très rarement son caractère offensif.

Deuxièmement. — Tout Etat se trouve, soit dans une période d'évolution, soit dans une période de dissolution. L'équilibre interne de l'Etat n'est que relatif et temporaire et constitue un Etat de transition séparant l'évolution de la dissolution.

Troisièmement. — Si à l'intérieur de l'Etat les éléments d'opposition et ceux de solidarité s'équilibrent, à la base de cet équilibre se trouve toujours la force prépondérante d'une minorité, imposant sa volonté à une majorité hétérogène. Sur cette base s'établit l'équilibre sous la pression du danger extérieur commun, lequel danger crée un intérêt commun de défense primant les intérêts particuliers des éléments constitutifs de l'Etat.

De la première de ces propositions, il résulte que les rapports entre Etats sont essentiellement hostiles. En effet, tout Etat étant essentiellement expensif et agressif, il en résulte qu'il aura tendance à entamer les Etats voisins, soit physiologiquement en étendant ses limites ethnographiques, soit économiquement en les écrasant par la supériorité de sa production nationale, soit intellectuellement en propageant sa langue, ses idées, ses croyances, soit enfin politiquement en intervenant dans les affaires intérieures d'un Etat étranger. Qu'il réussisse ou qu'il ne réussisse pas, cela dépend exclusivement de sa force relative.

Aussi, ne faut-il pas compter sur l'amitié d'un Etat. L'histoire montre suffisamment ce que valent les alliances.

La France a lutté victorieusement sous Napoléon contre l'Europe coalisée. De même, la Prusse a lutté victorieusement, sous Frédéric II, contre la France, l'Autriche et la Russie coalisées.

Aussi, l'Etat ne doit-il compter que sur sa propre force et sur l'inimitié des autres.

D'autre part, de ce que tout Etat se trouve, soit dans une période d'évolution, soit dans une période de dissolution, il résulte que le rapport des forces des Etats varie constamment.

De tout ce que je viens de dire, il résulte enfin que la notion de l'équilibre des Etats est fausse, si l'on y voit un système politique, ayant pour but de sanctionner un *statu quo* et de perpétuer la paix.

M. Heffter définit de la manière suivante l'équilibre des Etats :

« L'équilibre consiste en général dans le fait suivant : tout Etat qui se décide à violer les droits d'autres Etats, doit s'attendre à une réaction puissante, non seulement de la part des Etats menacés, mais même de la part des autres Etats qui sont protégés par un même système de droit des gens ; ils réagiront pour s'opposer à un changement du rapport existant entre les Etats » (Heffter, *Europäisches Völkerrecht*).

Cela signifie que, lorsqu'un Etat ou un groupe d'Etats tend à devenir prépondérant et à restreindre d'autres Etats dans le libre exercice de leur pleine souveraineté, ceux-ci se liguent pour pouvoir équilibrer efficacement la force des Etats agressifs.

Cette définition correspond incontestablement à une réalité. Seulement, il faut bien remarquer que cet équilibre est essentiellement instable et ne peut nullement créer un état de chose durable.

Supposons, en effet, deux groupes d'Etats étant opposés l'un à l'autre. Pour que cette opposition constituât un équilibre stable, il faudrait d'abord que ces groupes d'Etats restassent identiques quant à leurs forces. Or, nous avons vu qu'il n'en est jamais ainsi. Puis, il faudrait que chaque groupe constituât une unité, une individualité, quant à son action. Or, tout Etat étant essentiellement agressif, comme nous l'avons démontré, il s'en suit qu'au sein même de chaque groupe, les Etats seront opposés les uns aux autres, que par conséquent, il n'y a pas d'unité d'action prolongée possible.

Dans toute alliance, il y a des éléments d'opposition qui peuvent la rendre d'un moment à l'autre inefficace et même dangereuse aux alliés.

Si l'unité d'action prolongée existait réellement, elle existerait au détriment de l'individualité des Etats composant les groupes.

Or, selon l'opinion des auteurs et des hommes d'Etats qui admettent la possibilité d'établir un équilibre stable, il s'agit précisément de sauvegarder l'individualité de chaque Etat par l'établissement de l'équilibre.

Ainsi, il ressort clairement que le but idéal qu'on se propose d'atteindre en établissant un équilibre international est tout contraire à l'effet réel du phénomène qu'on appelle l'équilibre des Etats. Le but idéal est de sauvegarder la pleine souveraineté de chaque Etat, l'effet réel peut être double : Si, parmi les puissances alliées, il n'y en a pas une qui soit assez prédominante pour imposer aux autres sa volonté et établir ainsi l'unité d'action, la discorde règnera entre les coalisés ; si, au contraire, une des puissances coalisées est prédominante, la souveraineté des autres s'en trouvera restreinte, ce qui est précisément contraire au but idéal. La vérité est, qu'il est absolument chimérique de vouloir assurer la paix en opposant les Etats les uns aux autres et en espérant annihiler ainsi leur expansion naturelle. On peut ainsi peut-être retarder les conflits de quelques années qui ne comptent pas dans l'histoire de l'humanité, mais on ne pourra jamais ainsi annihiler l'action de leurs causes.

Après avoir écarté cette manière de comprendre l'équilibre international, voyons maintenant si l'on ne peut pas le concevoir d'une manière différente.

Nous avons vu, que ce qui constitue à l'intérieur de l'Etat l'équilibre, c'est l'opposition des principes antisociaux aux principes sociaux, égaux en force.

Or, n'y a-t-il pas dans les rapports internationaux des éléments de solidarité sociale ?

Et ces éléments de solidarité ne peuvent-ils pas équilibrer les éléments d'antagonisme international, sans toutefois restreindre ou annihiler la souveraineté des Etats ?

Il est incontestable qu'il existe des éléments de solidarité internationale.

Ces éléments peuvent être physiologiques, entre nationalités physiologiquement semblables.

Ils peuvent être économiques, et ces éléments deviennent de plus en plus forts, grâce aux facilités de plus en plus grandes offertes au commerce international, grâce au libre échange qui a pour effet une sorte de division de la production internationale. Il en résulte que les Etats dépendent aujourd'hui bien plus les uns des autres qu'autrefois, où chaque Etat se suffisait plus ou moins à soi-même.

Les éléments de solidarité peuvent encore être de nature intellectuelle, sociale, juridique. L'identité de langue, les croyances, les mœurs, les juridictions semblables, en un mot les civilisations semblables rapprochent les nations les unes des autres.

Cependant il faut bien remarquer que ces ressemblances ne sont que toutes relatives et disparaissent si elles ne sont opposées à des mœurs, des croyances, des civilisations de nature toute différente.

La force des éléments de solidarité croît à mesure que croît l'opposition commune aux nations que ces éléments rapprochent et elle décroît à mesure que décroît l'opposition commune.

Ainsi, par exemple, écartons un moment dans la pensée toutes les nations, hormis la nation allemande, Qu'arriverait-il ? il arriverait que tous les Etats de l'Allemagne perdraient la conscience de ce qui les rapproche et ne verraient plus que ce qui les différencie.

La solidarité n'est qu'un effet de l'opposition et de la lutte et ne se conçoit pas sans elle. Tandis que l'opposition est inhérente à la nature des choses et se conçoit par elle-même.

Nous concluons donc premièrement que l'équilibre entre les éléments d'antagonisme international et les éléments de solidarité, ne peut s'établir que sous pression d'un danger commun à plusieurs nations ; parce que seulement alors les éléments de solidarités pourront entrer dans la conscience de ces nations.

Or, quand nous avons parlé de la formation des Etats, nous avons vu identiquement le même phénomène se produire.

Nous avons vu, en outre, qu'à l'intérieur de l'Etat l'équilibre est incompatible avec le maintien de l'individualité des parties composantes.

Nous en concluons donc que si, sous la pression d'un danger commun à plusieurs nations, les éléments de solidarité et ceux d'antagonisme parviennent à s'équilibrer, cet équilibre apparaîtra nécessairement sous la forme juridique d'une constitution commune, sanctionnée par la force ; ce qui équivaut à dire que les Etats réunis perdront en partie ou complètement leur individualité pour constituer une nouvelle individualité plus grande et plus forte : un nouvel Etat.

Je résume donc de la manière suivante ce que je viens de dire sur l'équilibre des États.

Il est absolument chimérique de vouloir établir un système d'équilibre international en opposant les États les uns aux autres. Un pareil système, loin d'écarter les conflits, peut en être une cause. En effet comment pourrait-on garantir la paix en créant un système politique basé sur des principes d'offense et de défense?

L'équilibre entre les éléments de solidarité internationale et ceux d'antagonisme ne peut s'établir qu'au détriment de l'individualité des États composant un pareil système d'équilibre. Car un pareil équilibre ne peut s'établir que sous la pression d'un danger commun; l'intérêt commun prime alors les intérêts particuliers et trouve nécessairement son expression juridique dans une constitution commune sanctionnée par la force; ce qui équivaut à dire que les individualités particulières se fondent dans l'individualité commune.

II

Nous venons donc de voir qu'il y a deux manières de concevoir l'équilibre des Etats, selon qu'on le considère au point de vue de la répartition des forces entre les Etats, ou bien au point de vue du rapport existant entre les éléments d'antagonisme et les éléments de solidarité internationale.

Ces deux conceptions n'auraient qu'un intérêt purement théorique et scientifique, si elles n'avaient exercé une influence considérable sur la marche de l'histoire et si la part d'utopie qui s'y est mêlée n'avait eu des conséquences désastreuses.

Le principe est déjà reconnu dans l'antiquité par Démosthènes qui préconise dans son discours pour les Mégalopolitains l'alliance avec Mégalopolis pour s'opposer à la prépondérance de Sparte, et tâche de former, quelques années plus tard une alliance contre Philippe « τό μὴ τοῦτον ἐᾶσαι πάντα καταστρέψασθαι ».

A l'époque des guerres puniques, Hieron II, de Syracuse, envoie des secours à Carthages craignant, avec raison la prépondérance de Rome.

Au moyen âge la conception de l'équilibre est éclipsée par l'idée de la théocratie chrétienne et universelle.

Cependant elle réapparaît, lorsque Charles V, s'opposant au courant des événements, fait un dernier effort pour réaliser la monarchie universelle ».

« Partout disparaît, dit Ranke, les caractères propres au moyen âge... la notion de l'empire chrétien fait place à la conception de l'équilibre des Etats, à l'établissement duquel doivent contribuer même des infidèles ».

Depuis, la conception de l'équilibre se développe de plus en plus et exerce une influence considérable aux traités de Westphalie, d'Utrecht, de Paris et de Vienne.

Cette notion se forme dans la conception des theoriciens et des hommes d'Etat comme par contre coup à la suite du développement et de la concentration des grands Etats de l'Europe.

Nous avons vu ce qu'il y a de vrai dans cette

notion. Mais il s'y mêle une bonne part d'utopie dont nous pourrons trouver la cause en examinant les grands projets de paix perpétuelle qui peuvent être considérés comme l'expression théorique la plus complète de la notion utopique de l'équilibre des Etats.

Ce sont les projets de l'abbé de Saint-Pierre, de J.-J. Rousseau, de Bentham et de Kant.

L'abbé de Saint-Pierre a fait paraître deux projets de paix perpétuelle, l'un en 1729, qui a pour base les traités d'Utrecht, l'autre en 1745, qu'il attribue à Henri IV et à Sully.

Dans ce dernier projet il propose de diviser l'Europe chrétienne en quinze Etats, égaux en force et limités par leur propre consentement. Ces quinze puissances seraient représentées par un Conseil général composé de soixante membres. Cette assemblée, nommée *Sénat de la République chrétienne*, doit trancher tous les différents qui pourraient naître entre les Etats confédérés d'une part, entre les souverains et leurs sujets de l'autre. Un fonds commun d'argent et d'hommes servirait à la défense commune, notamment contre les Turcs, les Moscovites et les Tartares.

L'autre projet intitulé « Abrégé du projet de paix perpétuelle » paraît en 1729. Ce projet ne propose pas comme celui que nous venons d'examiner, une division arbitraire de l'Europe, mais se base sur l'état établi par les traités d'Utrecht. Pour garantir le *statu quo* il propose une alliance perpétuelle entre les puissances européennes qui par là renonceraient à se faire la guerre et soumettraient leurs différends à l'arbitrage d'une assemblée générale.

Cette assemblée serait composée des plénipotentiaires des dix-neuf puissances qui composeraient la confédération et auraient chacune un vote dans la diète. La diète aurait le droit d'agir offensivement contre les puissances récalcitrantes.

En 1761, paraît un petit ouvrage de Rousseau d'apparence insignifiant, intitulé : « Extrait du projet de paix perpétuelle de M. l'abbé de St-Pierre ».

Si ce projet ne diffère guère du projet de l'abbé de St-Pierre quant à la forme constitutionnelle qu'il propose de donner à l'Europe, il diffère considérablement quant au fond.

Rousseau reconnaît que l'équilibre des forces entre les Etats de l'Europe est bien plus l'œuvre de la nature que de l'art, et qu'un pareil système ne peut être maintenu que par l'action et la réaction c'est-à-dire, par la lutte. D'autre part, il montre parfaitement qu'il existe des éléments de solidarité qui tendent à rapprocher les nations de l'Europe et contrastent singulièrement avec l'antagonisme qui les séparent. La force naturelle des choses ne pourra jamais y remédier, la science politique seule pourra le faire.

Pour atteindre ce but, il propose de créer une confédération européenne ayant un pouvoir législatif commun, un tribunal commun et un pouvoir coercitif.

Rousseau s'élève donc à la conception d'un équilibre social entre les éléments d'antagonisme et ceux de solidarité, tandis que l'abbé de St-Pierre concevait encore un équilibre des Etats purement mécanique.

De 1786 à 1789, Bentham écrit un essai sur le droit international basé sur la théorie de l'utilité générale des nations. Cet essai contient un projet de paix perpétuelle qui ne diffère pas sensiblement des projets précédents.

Bentham considère qu'il faut tout d'abord réduire et fixer les forces militaires et navales des puissances, et émanciper les colonies de chaque Etat, qu'il considère comme étant une pure perte pour les mère-patries et causes de la plupart des guerres modernes. Le désarmement s'effectuerait par voie conventionnelle.

Après avoir posé ces bases, il propose un projet de constitution européenne fort semblable à celui de l'abbé de St-Pierre et à celui de J.-J. Rousseau.

En 1815, Kant propose un projet de paix perpétuelle semblable aux précédents. La première condition de la paix perpétuelle est selon lui, que chaque Etat ait une constitution représentative ; car tandis que le monarque déclare facilement la guerre, parce qu'elle ne lui coûte aucun sacrifice, le peuple qui en supporte toutes les calamités, la déclarera bien plus difficilement. Les Etats pour garantir l'état de paix doivent former une fédération par un pacte, semblable au contrat social par lequel les Etats eux-mêmes se sont formés.

Après avoir montré dans la première partie que tous les groupements sociaux se sont formés par la force et par la lutte, après en avoir déduit qu'une confédération d'Etats ne peut se faire que sous la pression d'un danger commun et au détriment de l'individualité des Etats composants, je considère qu'il est tout démontré que les projets de paix perpétuelle que je viens d'examiner sont utopiques et irréalisables.

Il ne me reste plus qu'à rechercher comment il se fait que des hommes aussi éminents que Rousseau, Bentham et Kant aient pu concevoir des projets aussi chimériques et que des hommes d'Etat aient voulu les appliquer, si non à toute l'Europe, du moins à une partie de l'Europe.

Ce qui frappe tout-d'abord c'est qu'à la base de tous ces projets se trouve la même conception qu'à la base du contrat social, la conception d'un accord supposant le libre arbitre des parties contractantes. Kant fait lui-même ce rapprochement en termes exprès. « L'Etat naturel des peuples, dit il, étant comme celui des individus un Etat dont-il faut sortir pour entrer dans un Etat légal, tout droit acquis par la guerre ou autrement, avant cette transaction, doit être regardé seulement comme provisoire. Un tel droit ne peut être confirmé d'une manière stable, que par une assemblée générale des Etats indépendants, analogue à l'union des individus qui forme chaque Etat séparé. »

La racine de l'erreur se trouve donc dans la conception du libre arbitre. En effet, si on admet le libre arbitre, la logique même conduit forcément à concevoir la possibilité d'une libre entente entre les Etats et on s'étonne alors, que, tandis qu'il ne dépend que d'un simple accord pour éliminer la guerre, qui est la source de tant de maux, les hommes continuent à lutter et à s'entretuer. Voulant appliquer ces théories, et on l'a voulu, on se met en opposition avec la nature même et on aggrave par là les maux qu'on voulait éviter.

Je le montrerai en examinant une question, qui a été pendant près de trois siècles l'objet de l'art diplomatique et qui montre admirablement combien cet art est impuissant lorsqu'il est basé sur les conceptions utopiques que je viens d'examiner.

Je veux parler de la question germanique.

En me plaçant simultanément à un double point de vue, à celui du développement réel et à celui de l'art diplomatique, je montrerai l'opposition qui existe dans la question entre ces deux ordres de phénomènes. Cet exemple éclairera et confirmera en même temps les principes que j'ai exposés dans la première partie de mon travail.

La Germanie que nous décrit Tacite ne présente ni les caractères d'un Etat ni ceux d'une nation. Ce sont des peuplades luttant entre elles, s'unissant et se séparant selon les besoins du moment.

Troïs événements de la plus haute importance changent cet état de choses : ce sont la poussée formidable des barbares, de l'Est à l'Ouest, la décadence du grand empire romain et l'apparition du christianisme.

Les deux premiers expliquent comment les Germains ont été forcés de se jeter sur la Gaule romaine et sur l'Italie et comment ils ont pu succéder dans ces pays à la domination romaine.

L'apparition du christianisme et son caractère expansif et universel explique comment a pu surgir l'idée d'une théocratie universelle.

Ainsi se constitue l'empire de Charlemagne. Cet empire n'est pas, à précisément parler, un Etat. Trop vaste et constitué d'éléments hétérogènes, mal organisés eux-mêmes, il ne présente pas l'organisation centralisée qui caractérise l'Etat. C'est plutôt une idée s'étendant sur un vaste territoire et tendant à s'étendre de plus en plus, représentée par la personne de l'Empereur et celle du Pape. A l'intérieur de cet empire se forment, par des luttes incessantes, des groupements qui prennent de plus en plus le caractère d'Etat. Ainsi se trouvent en opposition, d'une part, une idée, tendant à englober l'Europe entière et même le monde entier, de l'autre, une multitude d'Etats et de communautés plus ou moins grands, représentant les intérêts locaux et réels.

L'empire, n'ayant aucune base solide s'effondre, se relève, s'effondre encore et ainsi de suite jusqu'à ce que son principe même disparaisse qui est l'union de l'autorité temporelle et de l'autorité spirituelle.

L'Empereur et le Pape entrent en lutte. Le pouvoir

spirituel a le dessus et ainsi semble périr l'autorité de l'Empereur, lorsqu'un événement considérable se produit qui marque le passage du moyen-âge à l'époque moderne.

C'est la renaissance.

La réforme qui s'étend rapidement et la création d'une langue littéraire par Luther rapprochent tous les Allemands, qui jusqu'alors n'avaient pas eu conscience de leur unité nationale.

L'Allemagne semble, à ce moment, pouvoir s'organiser et constituer un Etat national lorsqu'un homme de grande intelligence et de volonté réunit sur sa tête les couronnes d'Espagne et d'Allemagne. Charles V ne comprenant pas la tendance de son époque, rêve de réaliser la théocratie universelle. L'Allemagne est ainsi divisée en deux partis, l'un protestant, l'autre catholique, qui se combattent avec acharnement.

— La Diète d'Augsbourg (1551) pose le principe que chaque souverain a le droit de choisir sa confession et de l'imposer à ses sujets et étouffe ainsi l'unité germanique dans son germe en consolidant les souverainetés locales.

Cette trêve contient cependant la cause de la grande lutte religieuse qui devait, un demi-siècle plus tard, dévaster le centre de l'Europe. L'art. 18 décide que les archevêques et évêques qui passeraient au protestantisme perdraient par là même leur souveraineté territoriale et que leurs sujets ne les suivraient pas dans cette voie. « wo ein Erzbischof, Bischof, Prälat oder ein anderer geistlichen Standes von unserer alten Religion abtreten würde, dass derselbige sein Erzbistum, Bistum, Prälatur und andere Beneficia, auch damit alle Fruchtund Einkommen, so er davon gehabt, alsbald ohne einige Verwiderung und Verzug jedoch seiner Ehren ohnnachteilig verlassen-solle ». Or, sur ce point, les protestants ne cédèrent que de mauvaise foi.

Ainsi éclate en 1618 la guerre de Trente ans. L'étranger se mêle à cette lutte formidable, les Espagnols, les Italiens, les Polonais, soutiennent les catholiques ; les Français, les Danois, les Suédois, luttent pour le protestantisme.

Tout sentiment national disparaît, le pouvoir de l'empire est complètement anéanti, l'Allemagne, divisée en une multitude de souverainetés plus ou moins grandes. Ainsi donc, tandis que l'Espagne, la France, l'Angleterre sont, à cette époque, des Etats solidement constitués, le centre de l'Europe est déchiré et impuissant.

L'équilibre des forces qui s'était établi naturellement à la suite des guerres, dont je viens de parler, trouve une expression juridique dans les traités de Westphalie qui constituent la base du droit public de l'Europe.

Les hommes d'Etat de cette époque comprirent fort bien que la stabilité de l'équilibre européen dépendait en grande partie de la stabilité du centre de l'Europe. Mais au lieu de comprendre que cette garantie ne pouvait être trouvée que dans la création d'un corps central solidement constitué, ils crurent, au contraire, qu'ils pourraient la trouver en édifiant un système d'équilibre fort compliqué et fort savant, basé sur des principes de division et d'opposition : c'est la constitution de l'Empire germanique.

L'Empire est composé de trois cent trente-cinq Etats, cent cinquante séculiers, cent vingt-trois ecclésiastiques, soixante-deux villes libres. Leur souveraineté est en fait illimitée ; ils ont le droit de conclure des alliances non seulement entre eux, mais même avec des puissances étrangères, sous la restriction, toute fois, que ces alliances ne soient pas dirigées contre l'Empire ; mais cette disposition reste lettre-morte.

Deux grandes puissances étrangères ont le droit d'intervenir dans les affaires intérieures de l'Empire ; ce sont la France et la Suède, dont la dernière est même membre fédéral.

A la tête de l'Empire se trouve l'Empereur dont la couronne est en fait héréditaire. Le pouvoir législatif est représenté par la diète de l'Empire composée du collège des électeurs, de celui des princes et de celui des villes. Les décisions de la diète se prennent à l'unanimité des collèges et doivent obtenir la sanction de l'Empereur pour avoir force de loi. Les collèges déterminent leur volonté par des votes dont le mécanisme, fort compliqué, devant équilibrer les forces de l'Empire, ne fait, en fait, que retarder les décisions et enrayer l'action de l'Assemblée.

Non moins compliquées sont les deux Cours suprêmes de l'Empire, la Chambre impériale et le Conseil aulique, composées de membres protestants et catholiques en vue de concilier en cas de dispute entre catholiques et protestants, les intérêts des deux parties.

Quant au recrutement de l'armée fédérale, l'Empire est divisé en dix cercles, qui fournissent un nombre déterminé d'hommes.

Telles sont les grandes lignes de la Constitution germanique. Ce qui frappe ce sont les contradictions qui existent entre les droits particuliers des souverainetés territoriales, d'une part, et les droits de l'Empire de l'autre, entre la lettre de la Constitution et la réalité. En divisant l'Empire au point de vue de la religion selon le principe « cujus regio, ejus religio », au point de vue politique en une multitude d'Etats souverains, ayant le droit de lever des armées, le droit de guerre, le droit de faire des alliances, même avec l'étranger, cette constitution ne fait que renforcer les pouvoirs locaux et annihile ainsi elle-même les pouvoirs de l'Empire qu'elle crée.

Aussi l'Allemagne que l'art diplomatique n'avait pu constituer, tend-elle à s'organiser par des procédés naturels, par l'expansion des Etats de l'Empire et par les luttes qui en résultent.

Dorénavant les forces de l'Allemagne se groupent autour de deux pivots. Ce sont l'Autriche et la Prusse.

Après la paix de Westphalie, c'est l'Autriche qui

se relève d'abord au premier rang, non seulement des Etats de l'Allemagne, mais même des puissances européennes. Située à l'Est de l'Europe, comme son nom même l'indique, elle est exposée aux coups terribles que portent contre elle les Musulmans. C'est dans cette lutte qu'elle puise toute sa force. Les Turcs avancent, en 1683, sous les ordres de Kara Mustafa, jusque sous les murs de Vienne, puis ils sont refoulés avec vigueur et enfin complètement battu par le prince Eugène à Zenta (1697). L'Autriche s'accroît considérablement à la paix de Carlowitz (1699), en obtenant la Transilvanie et la plus grande partie de la Hongrie. A la paix d'Utrecht (1713) elle obtient la Belgique et la Lombardie. La domination de la maison d'Autriche s'étend ainsi au XVIIIe siècle sur un immense territoire, de la Belgique à l'ouest, jusqu'à la Transilvanie à l'est.

Puissante par son étendue l'Autriche porte cependant en soi les causes qui, cent cinquante ans plus tard, la sépareront complètement de l'Allemagne. Son point de gravitation est deux fois déplacé.

A la suite de ses luttes avec l'Empire Ottoman et des conquêtes qui en résultèrent son attention se tourne dorénavant vers l'Orient et elle représente la tendance que les auteurs allemands nomment la « poussée vers l'est » (Drang nach Osten).

D'autre part, la maison de Habsbourg, représentant les traditions du Saint-Empire, tourne ses regards vers l'Italie et devient le pivot du catholicisme.

Il en résulte que l'Autriche reste en dehors du grand mouvement intellectuel qui se produit en Allemagne au cours du XVIIIe siècle et qui fait que les compatriotes du grand Kant, comprennent ce qui les rapproche des compatriotes de Gœthe.

Outre ces causes de faiblesse relative à la question germanique, l'Autriche en présente d'autres inhérentes à sa constitution.

Elle est bien plus le patrimoine d'une famille qu'un État. Elle est une réunion de nationalités, parlant des langues différentes, ayant des mœurs et même des constitutions différentes.

Les efforts que font Marie-Thérèse et Joseph II pour centraliser l'Empire rencontrent partout, et notamment en Belgique et en Hongrie, de vives résistances qui absorbent les forces de la monarchie.

Tout ce que je viens de dire explique, en partie, comment une autre puissance allemande, insignifiante à son origine, parvient à devenir la rivale la plus terrible de l'Autriche.

Cette puissance c'est la Prusse. A la paix de Westphalie le Brandebourg est épuisé par la guerre, la Poméranie occupée par les Suédois, la Prusse sous la souveraineté de la Pologne. Le Grand-Electeur parvient, cependant, grâce à son énergie et à son adresse, à créer une bonne armée, à briser l'opposition de la noblesse, à établir son autorité sur tous ses territoires. En s'alliant aux Suédois par le traité de Labiau, 1650, il parvient à se défaire du lien de souveraineté qui liait la Prusse orientale à la Pologne (traité de Wehlau), et il chasse les Suédois eux-mêmes, si non de la Poméranie, du moins du Brandebourg et de la Prusse. Enfin en acceptant les réfugiés protestants, qui avaient dû quitter la France à la suite de la révocation de l'édit de Nantes, il montre que la Prusse entend être le pivot du protestantisme. Son fils Frédéric se fait couronner roi de Prusse à Konigsberg (1701), et Frédéric-Guillaume Ier continue l'œuvre commencée par son grand-père en centralisant l'administration et en créant une armée permanente de 80.000 hommes.

C'est ainsi qu'un homme de grand génie hérite de l'Etat le plus centralisé de l'Allemagne et d'une des plus considérables armées de l'Europe entière.

Frédéric II engage immédiatement la lutte avec l'Autriche, prend la Silésie et la défend avec la dernière énergie dans la guerre de Sept ans contre l'Autriche, la France et la Russie. La Prusse s'élève ainsi au rang des grandes puissances et constitue dans l'Allemagne du Nord, à la fin du XVIIIe siècle, un Etat protestant centralisé et redouté, opposé à l'Autriche catholique et fédérale.

Cependant l'Allemagne, solidaire par la pensée, ne se sent encore nullement le besoin de s'unifier politiquement.

La Révolution française provoque d'abord l'enthousiasme, puis l'horreur du monde éclairé, tandis que la masse du peuple allemand reste indifférente.

Treitschke nomme cet état psychique du peuple,

un état de torpeur politique (*Politischer Schlummer der Massen*).

C'est ainsi que Napoléon en utilisant les oppositions qui divisent l'Allemagne, parvient à la dominer. Cependant le despotisme du régime napoléonnien réveille le sentiment national allemand, notamment en Prusse où le souvenir d'un passé glorieux rend les cœurs plus sensibles à la honte de la domination étrangère. Stein, Hardenberg et Scharnhorst prennent la direction du mouvement, ils opèrent ce qu'on peut appeler une révolution de haut en bas et réorganisent l'armée.

C'est ainsi que l'Allemagne, unifiée pour un moment par le danger et la haine nationale parvient, à secouer le joug de la domination napoléonienne et semble pouvoir réaliser enfin l'unité politique.

Mais le dualisme allemand présente un obstacle insurmontable.

La Prusse, d'une part, tend tout naturellement à obtenir la direction de l'Allemagne.

D'autre part, l'Autriche refuse absolument de se soumettre à la Prusse, dont la politique intérieure est incompatible avec la sienne et dont la politique extérieure en est différente. La Prusse est protestante et libérale, l'Autriche est catholique et réactionnaire; tous les intérêts de la Prusse se concentrent en Allemagne, l'Autriche est intéressée en Orient et en Italie.

Ainsi donc l'Autriche, ne pouvant, d'une part, prendre la direction de l'Allemagne elle-même, d'autre part, ne voulant pas se soumettre à la Prusse, désire maintenir l'Allemagne dans un état de division, ce qui convient aussi bien à la Russie qu'à l'Angleterre.

C'est ainsi que les efforts de Stein et de Hardenberg rencontrent un obstacle insurmontable dans l'opposition de l'Autriche et des Etats secondaires, et que les diplomates, réunis à Vienne, élaborent une constitution fédérale, croyant pouvoir garantir la paix par un système d'équilibre, tandis que toute l'Allemagne en sent l'inanité et pressent les conflits à venir.

Un grand changement s'était opéré à l'intérieur de l'Allemagne depuis les traités de Westphalie surtout pendant les guerres napoléoniennes. Tandis qu'en 1648 l'Empire germanique comprenait trois cent trente-cinq princes et Etats indépendants, ce nombre était réduit en 1815 par voie de sécularisation et de médiatisation à trente huit.

Ces Etats se confédérèrent par l'acte fédéral du 8 juin 1815 dans le but de garantir l'équilibre européen et la sûreté extérieure et intérieure de l'Allemagne.

(Les Princes Souverains et Villes libres de l'Allemagne....., convaincus des avantages qui résulteront de leur union solide et durable, pour la sûreté et l'indépendance de l'Allemagne et pour l'équilibre de l'Europe, sont convenus, etc.)

L'Empereur d'Autriche et le roi de Prusse ne sont compris dans cette confédération que pour toutes leurs possessions qui avaient anciennement fait partie de l'Empire germanique, le roi de Danemark pour le duché de Hostein, le roi des Pays-Bas pour le grand-duché du Luxembourg.

Une diète fédérative s'occupe des affaires de la confédération ; cette diète est composée de plénipotentiaires des membres de la confédération ; ils votent soit individuellement, soit collectivement art. 4).

L'Autriche tient la présidence de la diète, dans laquelle chaque membre a le droit de faire des propositions.

Pour la discussion de lois constitutionnelles et de certaines questions importantes concernant toute la confédération la diète se réunit en assemblée plénière (*Plenum*), dans laquelle il y a 61 voix tandis que dans l'assemblée ordinaire il n'y en a que 17. Dans l'assemblée générale certaine questions déterminées se votent à l'unanimité, d'autres aux deux tiers des voix ; l'assemblée ordinaire décide à la plurialité des voix.

La répartition des voix est telle que les petits Etats et les Etats moyens réunis peuvent s'opposer efficacement à la volonté de la Prusse et de l'Autriche.

Les Etats de la confédération s'engagent à se garantir mutuellement l'intégrité de toutes leurs possessions qui se trouvent comprises dans l'union.

En cas de guerre déclarée par toute la confédération nul membre ne peut faire la paix sans le consentement des autres.

Cependant les Etats ont le droit de faire des alliances, pourvu toutefois quelles ne soient pas dirigées contre la sûreté de la Confédération ou des Etats qui la composent.

Les Etats ne peuvent se faire la guerre et doivent soumettre leurs différends à la Diète. Si celle-ci ne parvient pas à créer une entente, les différends seront tranchés par un jugement Austrégal (*Austrägalinstanz*).

Si la constitution de 1648 était impuissante, celle-ci l'est encore bien plus. Elle repose sur un acte conventionnel dont le respect dépend du bon vouloir des membres de la confédération.

M. Wheaton remarque fort bien « que cette confédération appartient à cette classe d'associations fédérales où la souveraineté de chaque membre de l'Union demeure intacte, et où les décisions du corps fédéral, ne sont pas regardées comme des lois imposées à chaque sujet individuellement, mais qui n'acquièrent la force de loi que par l'application que chaque Etat de la confédération en fait dans l'étendue de sa juridiction (Wheaton *Histoire des Progrès*, vol. II, p. 143).

Les décisions de la diète, qui procède à la manière des congrès, se prennent lentement et ne peuvent pas être imposées faute de pouvoir exécutif central.

Nous voyons donc que cette constitution n'est nullement l'expression juridique d'un état réel mais bien plutôt un édifice destiné à crouler faute de base solide.

L'acte fédéral de 1815 est complété en 1820 par un acte additionnel qui renforce le pouvoir central en lui donnant le droit d'intervenir avec les forces combinées de la confédération en cas de révolte et forme une ligue contre l'étranger en organisant d'une manière minutieuse la défense nationale. L'armée fédérale est composée des contingents des Etats fédérés. Chaque Etat peut organiser son contingent comme bon lui semble. En temps de paix il n'y a pas de chef suprême de l'armée, en temps de guerre le commandement suprême est confié à un général, élu par la diète et soumis aux ordres de l'assemblée. La critique d'un pareil monstre militaire est inutile.

La nation allemande fort mécontente de la constitution qu'on lui avait donnée et de la politique réactionnaire du Prince de Metternich, imbue en outre des principes de la Révolution française, fait de grands efforts pour s'organiser elle-même, par la force de sa propre souveraineté. Un groupe se forme en 1848 à Heidelberg pour conjurer les périls au dedans et au dehors et pour développer toutes les forces de la nationalité germanique. Il convoque une assemblée constituante (Vorparlament) à Francfort qui élabore une loi électorale sur le principe du suffrage universel, après quoi elle se sépare.

C'est ainsi que se réunit le fameux Parlement de Francfort, élu au suffrage universel, sous la présidence de Gagern. Il constitue un pouvoir provisoire qu'il confie à l'archiduc Jean. Cependant les exigences du Parlement, qui veut exclure de la confédération tous les pays non allemands y compris l'Autriche, et proclame le roi de Prusse empereur, rencontre un obstacle insurmontable dans le dualisme allemand et la constitution féodale de l'Allemagne. L'Assemblée est chassée par la force armée en 1849 et ainsi échouent les efforts que fait le peuple allemand, croyant pouvoir appliquer pratiquement les principes abstraits de la révolution française. Ce ne sont ni les principes abstraits des diplomates ni le peuple souverain ni le libre consentement qui constituent les Etats.

Tandis qu'à Vienne les hommes politiques de la réaction tâchent de maintenir l'édifice du congrès de Vienne, tandis que l'Allemagne éclairée et libérale agite l'idée de l'unité germanique, il se produit avec moins de fracas un événement de la plus grande portée. C'est la création du Zollverein.

Après avoir aboli (1816-1818) à l'intérieur de ses territoires les péages qui entravaient son commerce, le gouvernement prussien, pour relier les deux tronçons de son royaume et pour briser les obstacles qu'offraient à son commerce les Etats de la Thuringe enclavés, conclut des unions douanières, d'abord avec Schwartzburg-Sonderhausen en 1819, puis avec la Hesse-Darmstadt en 1828. Immédiatement se forment en concurrence une union douanière dans le sud entre la Bavière et le Wurtemberg, et une union dans le centre de l'Allemagne. Mais ces unions concurrentes se disloquent bientôt et en 1836 presque tous les Etats font partie du Zollverein prussien, hormis dans le Nord, le Mecklembourg, les villes libres de la Hansa, le Hanovre, le Brunswick, l'Oldenburg et dans le Sud, l'Autriche.

Ainsi se réalise l'unité économique de l'Allemagne sous la direction de la Prusse. Pour employer le langage théorique que j'ai adopté dans mon travail, les éléments de solidarité équilibrent de plus en plus les éléments d'antagonisme. Reste à donner à cet équilibre une forme constitutionnelle, à unifier l'Allemagne politiquement. C'est l'œuvre de Bismarck qui comprit admirablement que, « les grandes questions ne se résolvent pas par des discours ni par des décisions de majorité, mais par le fer et le sang. »

J'ai entendu à Friedrichsruh le Prince de Bismarck dire devant une délégation du Schleswig-Holstein que le Schleswig-Holstein fut le bout (der Zipfel) par lequel il prit la question germanique.

En effet pour briser le dualisme et le particularisme allemand, il fallait trouver une question qui passionnât toute l'Allemagne, et créer un conflit sérieux avec l'Autriche.

La question du Scheswig-Holstein en offrit le moyen.

Les duchés de Holstein et de Schelswig, qui

étaient indissolublement unis depuis 1460, appartenaient au roi de Danemark. De ces deux duchés, le Holstein faisait partie de la confédération germanique.

Le roi Christian VIII étant âgé et n'ayant pas d'enfants, l'héritier présomptif, son frère, étant dans le même cas, une question de succession fort compliquée se posa qui passionna l'Allemagne entière.

Tandis qu'en Danemark les femmes étaient admises au trône, la loi salique existait dans le Holstein. En Danemark devait donc succéder la branche féminine, tandis que le duc d'Augustenburg prétendait à la succession du Holstein. Or, comme nous l'avons vu, depuis 1460 les deux duchés devaient être réunis sous la même couronne.

Christian VIII déclare en 1846 que les deux duchés feraient partie intégrante du royaume, et son successeur Frédéric VII octroie à tous ses Etats une constitution commune.

Alors la diète intervient et charge la Prusse d'occuper les duchés. La Russie soutenant le Danemark les Prussiens doivent évacuer le Schleswig-Holstein, et le protocole de Londres garantit l'intégrité de la monarchie danoise, comme étant nécessaire à l'équilibre européen.

En 1863 Frédéric VII meurt ; Christian IX de Glücksbourg succède et octroie une nouvelle constitution commune. Alors l'Autriche et la Prusse déclarent la guerre au Danemark qui doit enfin céder les duchés (1864). On y établit provisoirement une administration commune austro-prussienne.

Après avoir exigé l'entrée des duchés dans le Zollverein, un traité militaire, et la cession de Kiel, Bismarck demande enfin l'annexion à la Prusse. Mais Guillaume Ier ne désirant pas la guerre, la convention de Gastein (1865) établit dans les duchés un condominium austro-prussien.

Cependant le conflit entre l'Autriche et la Prusse devient aigu à propos de l'administration des duchés. La diète de Francfort se déclarant contre la Prusse, celle-ci déclare le pacte fédéral rompu et prend l'offensive après s'être assuré l'alliance de l'Italie.

La Prusse brise ainsi le dualisme allemand et s'accroit considérablement en annexant le Schleswig-Holstein, le Hanovre, la Hesse-Cassel, le Nassau et Francfort. Cependant Bismark, avec une prévoyance admirable et une modération peu commune dans l'histoire, s'oppose avec la dernière énergie à ce qu'on exige de l'Autriche des cessions de territoire et prépare ainsi la neutralité que celle-ci observera en 1870.

Dans le Nord se constitue sous l'hégémonie de la Prusse la confédération de l'Allemagne du Nord à laquelle s'allient les Etats du Sud, par des traités militaires.

Le dualisme allemand brisé, il faut encore briser le particularisme allemand. Bismarck le fait en créant un danger national et commun à toute l'Allemagne, en provoquant la guerre avec la France.

Je n'ai pas à rechercher ici les causes apparentes et les prétextes de cette guerre. Je me borne à dire qu'elle était nécessaire pour constituer l'unité de l'Allemagne.

Ainsi se constitue l'empire germanique, qui est en apparence un Etat fédératif, mais qui, en réalité, présente la solidité d'un Etat homogène, grâce à la prépondérance et à la force de la Prusse.

La question germanique, que n'avait pu résoudre ni l'art des diplomates, ni la volonté souveraine du peuple, est ainsi tranchée par le fer et le sang.

Cet exemple historique confirme à merveille la thèse que j'ai soutenue dans ce travail et que je résumerai maintenant en jetant un coup d'œil rétrospectif et rapide sur le développement précédent.

Après avoir examiné sommairement les théories sur la nature et la formation des Etats, j'ai montré comment une science sociale n'était possible que si l'on admettait le déterminisme. J'en ai fait donc la base de mon travail.

Il en résulte que toute formation sociale doit être nécessairement la création de la force, qui a sa source dans les besoins même de l'homme, dans sa volonté de vivre, en tant qu'individu et en tant qu'espèce. J'ai montré comment la lutte sociale, sous toutes ses formes, en résulte nécessairement; comment la famille s'est formée par le rapt de la femme, l'Etat par la conquête. J'ai montré comment s'établit, à l'intérieur de l'Etat, toujours par la lutte, un équilibre entre les éléments d'antagonisme et ceux de solidarité sociale, comment cet équilibre est suivi d'une dissolution nécessaire, dont j'ai tâché de dégager les causes.

De la nature expansive et agressive de l'Etat, j'ai conclu que les rapports entre les Etats étaient essentiellement hostiles, que l'équilibre international qui s'établit tout naturellement par la lutte, est essentiellement variable, les forces des Etats étant essentiellement variables.

J'ai montré que les éléments de solidarité internationale ne peuvent équilibrer les éléments d'antagonisme que sous la pression d'un danger commun et qu'au détriment de la souveraineté de chaque Etat qui se fond dans une souveraineté nouvelle et supérieure.

J'ai exposé ensuite comment les publicistes et les diplomates ont cru qu'il était possible d'établir arbitrairement un équilibre stable et de garantir ainsi la paix. J'ai montré que la source de cette erreur était l'illusion du libre arbitre.

J'ai montré, enfin, par un exemple typique, comment on a essayé d'appliquer cette théorie erronée et comment elle a été impuissante à arrêter le cours des événements qui se sont produits, comme toujours, conformément à la nature de l'homme et de l'Etat.

Je termine ce travail en ayant pleinement conscience de la critique à laquelle je m'expose.

Je connais fort bien la répugnance que rencontre la théorie du déterminisme.

Je sais qu'on lui reproche d'abaisser l'homme, d'être immorale, parce qu'elle l'affranchit de toute responsabilité, d'être brutale, parce qu'elle préconise la force et renverse le droit, d'être décourageante, parce qu'elle détruit tout idéal de justice, de liberté et d'égalité.

Mais je sais aussi qu'il n'est qu'un seul idéal qui vaille la peine d'être poursuivi : c'est celui de connaître la vérité, et, pour y arriver, il faut tout d'abord se connaître soi-même, au risque même de s'abaisser au niveau de la nature, au-dessus duquel nous croyons pouvoir nous élever.

APPENDICE

Je me sens obligé de donner quelques explications que je n'ai pas introduites dans le corps même du travail, pour ne pas interrompre le cours logique de son développement. Elles sont cependant nécessaires pour élucider certains points qui pourraient donner lieu à de sérieuses objections et à des malentendus.

La théorie du déterminisme qui forme la base de mon travail a, en matière de sociologie, des conséquences dont je veux indiquer ici la portée.

Si la loi de la raison suffisante est générale, dans tout le domaine de la représentation, il en résulte que tous les phénomènes, sans exception aucune, sont le produit de la force, car toute cause est une force agissante.

Or, qu'est-ce que la force ?

Que l'on procède par l'analyse et la critique, ou par l'abstraction et la synthèse, on arrive toujours au même résultat : à l'unité essentielle. Or, cette essence unique des choses, c'est précisément la force.

Il en résulte que la volonté n'est pas essentiellement différente de la force; on peut même définir les deux termes, l'un par l'autre, de la manière suivante :

1° La volonté est une force consciente;

2° La force est une volonté inconsciente.

De ce que donc tous les phénomènes sont le produit de la force, de ce que la volonté n'est pas essentiellement différente de la force, il résulte que toutes les formes qui sont le produit de la volonté, sont le produit de la force.

Il en résulte que les formes sociales étant le produit de la volonté, sont le produit de la force.

C'est dans ce sens que j'ai employé dans mon travail le mot « force ». La violence n'est qu'un mode d'action de la force, de même que la guerre n'est qu'une forme de la lutte. Il y a lutte quand des forces agissent en sens contraire, il y a guerre lorsque ces forces agissent violemment en sens contraire; la violence devient nécessaire à un certain degré de résistance.

J'ai dit que tous les phénomènes sociaux sont produits par la force. Il en résulte que le droit est un produit de la force, et nullement de la liberté qui n'est pas de ce monde.

Parce que je me trouve ici en contradiction avec M. Th. Funck-Brentano, je crois que le respect que je dois à mon éminent professeur, exige avant tout que je m'explique franchement sur ce point.

« Dans la nature, » dit M. Th. Funck-Brentano, « les forces sont fatales, inconscientes; dans l'humanité, elles sont brutales, aveugles ; c'est la pierre qui tombe, l'épée qui s'abat ; elles n'ont rien de commun avec le droit. Celui-ci, qui est l'effet d'une entente commune, devenue coutumière, se fortifie et s'accroît sans interruption avec cette entente, tandis que la force s'épuise et disparaît à mesure qu'elle agit. Il est de l'essence du droit d'édifier, il est de l'essence de la force de détruire. Aussi la force prime-t-elle si peu le droit, que c'est le droit qui, renaissant sans cesse de lui-même, triomphe toujours de la force. Il n'y a qu'opposition, et non union, entre eux » (*La Politique*, p. 24).

Il est tout à fait évident qu'à la base de cette manière de voir se trouve la conception du libre arbitre, qui se trouve aussi à la base du contrat social et de la notion de l'équilibre stable, que M. Funck-Brentano combat lui-même (v. *La Politique*, p. 63 et 64).

Si l'on admet dans le monde le dualisme de la liberté et de la force, on rencontre une foule de contradictions, que l'on ne peut s'expliquer. Si la liberté est en lutte continuelle avec la force, elle n'est plus libre, puisqu'elle est entravée par la force. Si elle est plus forte que la force, comment se fait-il que celle-ci puisse se relever continuellement? Si elle lutte avec la force, c'est qu'elle est elle-même une force; or il est de l'essence de la force d'être déterminée dans son action, ce qui est incompatible avec l'essence de la liberté qui est précisément de ne pas être déterminée.

Et comment se fait-il enfin que le droit, pour se

faire respecter, emploie les moyens d'action qu'il combat, à savoir la force et même la force brutale.

Regardons les faits, regardons l'histoire et nous voyons que la force, loin de détruire, édifie bien au contraire.

Est-ce la liberté qui a créé le grand empire romain, la France, l'Angleterre, l'Allemagne ? Non, c'est la force, la lutte, la guerre.

Si la force détruit, elle ne détruit qu'une forme pour en édifier une autre.

« La suite des hommes, dit Pascal, pourrait être considérée dans tous les temps et dans tous les lieux, comme un seul homme qui apprendrait toujours ». Jamais on a définit plus admirablement le déterminisme dans l'histoire qui devient incompréhensible si on y voit l'action de la liberté, si on croit que les événements auraient pu se produire aussi bien autrement qu'ils ne se sont produits réellement.

C'est donc la force qui édifie et non la libre entente.

J'ai montré, en examinant la question germanique, comment les formes constitutionnelles sont absolument impuissantes et illusoires si elles ne correspondent pas à un rapport réel de forces. Il en est ainsi du droit en général. Tout droit est illusoire s'il n'est l'expression d'un rapport de forces, réel et nécessaire.

Si plusieurs volontés agissent dans le même sens, parce que leur intérêt commun l'exige, alors il y aura un lien juridique nécessaire, qui se rompra, dès que l'intérêt commun cessera d'exister.

Si, au contraire, plusieurs volontés agissent en sens contraire, parce que leurs intérêts sont en conflit, alors il y aura lutte ; le plus fort imposera sa volonté au plus faible et il y aura encore un lien juridique nécessaire, qui se rompra dès que le vaincu aura acquis la force voulue pour se défaire du lien que lui avait imposé le vainqueur. C'est ce qu'on appelle le droit du plus fort ; ce terme n'a rien de contradictoire.

Que le droit soit conventionnel, imposé ou mixte, il est toujours nécessaire et déterminé et n'a rien de commun avec la liberté qui n'existe pas dans la nature.

SOMMAIRE

BIBLIOTHÈQUE NATIONALE R.F. IMPRIMÉS

Laval. — Imprimerie parisienne L. BARNÉOUD & Cie.

www.ingramcontent.com/pod-product-compliance
Lightning Source LLC
Chambersburg PA
CBHW061403060726
47597CB00003B/951

* 9 7 8 2 0 1 3 2 6 2 2 5 5 *